La question qui tue

Sophia Aram

La question qui tue

Perfidies ordinaires, maladresses et autres micro-agressions

DENOËL

Conception graphique : Olivier Marty / IP-3

À Dany, ma belle-mère regrettée

« Le testicule engendre l'audace. »

Alexis Carrel,
prix Nobel de médecine 1935

L'assignation à résidence identitaire

Ce soir-là, je dînais chez des amis, à Boulogne, en compagnie d'un couple d'avocats flambant neufs dont l'assurance et l'éloquence irradiaient la pièce. Je tenais mon rôle de comédienne fraîchement débarquée de sa banlieue en faisant le pitre. Nous occupions la scène dans une sorte de trio improvisé, comme savent le faire toutes les personnes qui ont envie de se faire remarquer. Tout se passait bien, donc, jusqu'à ce que, porté par un élan de convivialité, le jeune avocat secoue sa mèche pour me demander, un peu gêné : « Dis-moi, toi qui habites Trappes, t'aurais un moyen de me trouver un peu d'herbe ? »

Une requête qu'il devait considérer comme banale de la part d'une personne domiciliée à Boulogne à une autre domiciliée à Trappes mais qui, bizarrement, déclencha chez moi une colère qui me plongea dans un mutisme gênant. Puis, dans un contretemps vertigineusement embarrassant, je trouvai la ressource pour lui demander : « Et toi, puisque t'habites Boulogne, tu pourrais me trouver une pute ? »

Ce fut un effroyable bide… Il résulta de cette déclaration, incompréhensible aux yeux de tous (y compris aux miens), un interminable temps mort. Le savoir-vivre des convives nous permit néanmoins quelque temps plus tard de redonner un cours presque normal à cette soirée.

J'aurais du mal aujourd'hui à expliquer clairement ce qui provoqua ma réaction de l'époque, mais dans mon souvenir il y a quelque chose qui relève de l'humiliation. Une petite humiliation venant me rappeler par surprise non pas que je n'appartenais pas au même monde ou au même milieu social que mes hôtes, ce que je savais déjà, mais qu'à ce titre je perdais à leurs yeux une partie de ma dignité – celle de ne pas être d'emblée assimilée à un dealer. Une petite pichenette de rien du tout venant s'ajouter à toutes celles qui, au hasard de ma vie, m'avaient déjà touchée et continueraient de le faire, pile au même endroit.

« **Ton prénom, c'est Sophia ou Safia ?** »

Vous me croirez ou non, mais c'est une question récurrente chez les personnes avec qui je fais connaissance. Chez les cons, bien sûr, mais pas seulement. À tel point qu'avec le temps j'ai mis au point une réponse d'une efficacité redoutable. Une réponse qui me permet à la fois de masquer tout signe d'humiliation et de mettre définitivement de côté ce que la question charrie de mépris, de racisme ordinaire, de clichés et de soupçon. Une réponse qui bannira toute velléité de dialogue du type : « Tu penses que je mens sur mon prénom ? Pour quoi faire ? Pour éviter qu'il fasse trop arabe ? Parce que quoi ? Je devrais avoir honte ? » Ou, pire : « Je suis censée arrêter d'avoir honte ? C'est ça ta question ? »

C'est donc pour m'éviter d'entamer ces échanges stériles qu'à la question « Ce ne serait pas plutôt Safia ? » j'ai mis au point cette réponse définitive : « Non, c'est Sophia. »

Vous êtes peut-être déçus, mais j'ai pas mal d'entraînement en la matière et, je vous assure, c'est de loin la réponse la plus efficace. Elle ne traite rien, n'arrange rien, ne change rien, mais dans la plupart des cas elle permet de passer à autre chose, ce qui est essentiel pour moi.

Évidemment, pour savoir si cette question est simplement maladroite ou un peu raciste sur les bords, il faudrait sonder les pensées de ceux qui la posent, et j'avoue ne pas avoir eu souvent ce courage. La seule chose dont je suis certaine, c'est que cette question, qui n'a rien de blessant en soi, l'est très vite devenue pour moi.

C'est la répétition qui est pesante, et je dois avouer que chez moi, ça commence dès la deuxième fois. Peut-être parce que cette question pique au même endroit que celle de l'avocat boulonnais ou consorts plus ou moins créatifs. Une pichenette, disions-nous, rien de méchant, rien de blessant, sauf lorsque d'autres sont déjà passés par là. La peau est devenue beaucoup plus sensible. Et bientôt on ne supporte plus le moindre effleurement.

Je fais l'impasse sur le haussement de sourcil incrédule de ceux qui, après avoir entendu ma réponse, font durer le soupçon, petit plaisir coupable auquel ils ont visiblement du mal à résister : « Sophia, *vraiment* ? » Ce micro-supplice qui ne dit pas son nom me poussait, il y a quelques années encore, à expliquer que mon père était fan de Sophia Loren et que c'est pour cette raison que j'avais hérité de son prénom mais malheureusement pas de ses seins. Ha ha ha ! Voilà, comme ça on rigole et l'atmosphère se détend. Je peux reprendre le cours de ma vie, celle d'une fille qui n'a honte ni de son prénom ni de ses origines et qui aurait été ni plus ni moins ravie de s'appeler Safia, Zoubida ou Catherine si son père avait été plus sensible au talent de Deneuve qu'à la poitrine de Loren.

« Excuse-moi, mais tu es végétarienne ou c'est juste que tu ne manges pas de porc ? »

Hasard ou pas, les questionnements sur mon prénom appartiennent à la même famille que ceux auxquels je suis confrontée lorsque je précise que je ne mange plus de viande.

L'infinie inventivité de ces petits rappels à ma condition et à mes origines me sidère. Il se trouve que je ne mange plus de viande, halal ou pas, en nuggets ou en hachis, grillée ou bouillie. Je n'aime ni la viande ni l'idée d'en manger : ça me colle la gerbe. Comment ça, je m'énerve ? OK, alors voilà, quand j'étais petite, mon grand-père a égorgé un mouton avec lequel j'avais sympathisé durant sa dernière journée sur Terre. Maintenant c'est bon, j'ai le droit d'être végétarienne ou il te faut un mot de papi ?

Combien de végétariens sont confrontés à un questionnement sur la dimension religieuse ou mystique de leur choix ? Ce n'est pas que ce soit plus difficile pour moi d'être végétarienne, c'est simplement que lorsque l'on s'appelle Nicole ou Francis, on est moins souvent contraint de répondre à la question : «Dites-moi, Francis, Nicole, c'est après votre voyage en Inde que vous avez arrêté de manger du bœuf? Alors quoi, les vaches sont sacrées, maintenant?»

«Vous, les humoristes beurs...»

Au cours d'une de mes premières interviews, un chroniqueur m'a demandé pourquoi je ne m'étais pas rapprochée de Kader Aoun, qui écrivait à l'époque pour Jamel Debbouze. Mon premier spectacle parlait de l'école. Pas de l'école et de la banlieue ou de l'école et des immigrés, non, non, juste de l'école. Pourquoi fallait-il me rapprocher de Kader Aoun, qui écrivait sur la banlieue, mis à part l'idée aussi préconçue que saugrenue qu'il serait préférable de regrouper tous les «Arabes», tous les «Trappistes» ou tous les «frisés» au même endroit? Pour qu'ils parlent des mêmes sujets, devant les mêmes publics? Et pour quoi? Pour que les critiques s'y retrouvent? Je me souviens d'avoir choisi de ne pas questionner l'idée farfelue qu'il serait préférable que les vaches et les bougnoules soient tous bien rangés, au même endroit, à brouter la même herbe sous le regard condescendant de critiques ravis de pouvoir comparer les bestiaux entre eux.

« Tu parles comme une Blanche ! »

Le temps passant, j'ai appris à faire avec les remarques du type : « À la radio, on n'entend pas du tout que tu es marocaine. » En m'épargnant de devoir répondre systématiquement : « Peut-être parce que je suis née à Ris-Orangis… Qui sait ? »

Le pompon revenant à une gamine m'expliquant à la sortie d'une représentation : « C'était bien, mais tu parles trop comme une Blanche…

– Désolée, la prochaine fois je ferai l'effort de basaner mon propos. »

La gamine a soudain préféré changer de sujet et a voulu savoir si je me lissais les cheveux – ce qui est quand même plus poli que de me demander directement si j'avais honte de mes origines.

Dans un registre similaire mais largement plus insultant, il m'arrive souvent de lire des commentaires sur les réseaux sociaux au sujet de mon appartenance à la « team fer à lisser » composée de Zineb El Rhazoui ou Lydia Guirous. Il s'agit de la même idée, l'une prenant la forme d'une micro-agression, l'autre d'un amalgame proprement raciste.

« **Rentre dans ton pays !** »

Ai-je déjà été victime de propos ou d'actes racistes ? Si je mets de côté les milliers d'invitations au voyage du genre « Rentre dans ton pays, sale bique, crouille, bougnoule… », d'autres projets de m'élargir le rectum et quelques propositions sexuelles visant à m'« introduire des saucissons, des jambons, voire des semi-remorques… », je répondrais spontanément non ou assez peu. En dehors des discours xénophobes de l'extrême droite que tout républicain subit indépendamment de son sexe ou de sa couleur de peau, en dehors des commentaires qui ne manquent pas de suivre toutes mes prises de position sur la famille Le Pen et leur nationalisme benêt dans sa forme rassemblée ou frontale, je n'ai finalement eu que très peu de confrontations ouvertement racistes.

Cela peut surprendre, mais ces petites remarques, ces micro-agressions pèsent peut-être plus sûrement que les attaques frontales. Je sais, c'est presque rien ou pas grand-chose, pas de quoi écrire des manifestes ou des pamphlets rageurs sur l'ignorance de certains Blancs – d'autant, faut-il le rappeler, que ces questions récurrentes m'ont également été posées par des Maghrébins et des Noirs.

Il s'agit en fait toujours du même soupçon d'avoir – à tort pour les uns et à raison pour les autres – honte de ce que je suis. Qu'elles soient négatives ou positives, ce sont toujours des assignations à résidence identitaire, et celles qui relèvent du rappel communautaire ne sont pas les moins pénibles.

« Tu t'en es bien sortie, dis donc. »

Cela s'ajoute à un corpus de clichés que mobilisent un tas d'individus dès lors qu'ils sont en présence de quelqu'un venant de banlieue ou des « quartiers », entendez « pauvre, arabe, musulman, en échec scolaire, communautariste, drogué, violé, radicalisé ». Dans sa version soft et commune, ce corpus transpire par quelques tournures de phrase qui consistent par exemple à ne jamais apprécier la réussite d'une personne « issue des quartiers » tant il est convenu qu'une telle personne ne réussit pas sa vie mais « s'en sort ». On ne vient pas de la banlieue, « on s'en sort ». Vous comprendrez que la situation géographique n'est pas le seul critère, dans la mesure où il ne viendrait à l'idée de personne de demander à Emmanuel Macron comment il s'est sorti d'Amiens alors que, pourtant, il y aurait au moins autant (ou aussi peu) de raisons de « sortir » d'Amiens que de Trappes.

Micro-agression, le concept

La première fois que j'ai entendu parler du concept de micro-agression tel que défini par les psychologues et sociologues américains, je me suis dit que l'on tenait là un sujet typiquement de l'époque, ce qui n'est jamais bon signe. L'époque étant à la glorification de la victime, il fallait bien inventer un concept pour permettre à tous ceux et celles qui ne pouvaient se prévaloir d'une agression la possibilité de devenir, grâce à ces micro-agressions, des micro-victimes. C'est un statut moins flatteur, mais à défaut pourquoi pas ? Et puis, sur le fond, j'ai toujours pensé que le droit seul pouvait constituer un garde-fou essentiel dès lors qu'il s'agit de reconnaître l'existence d'une agression, d'une victime et d'un agresseur. Si l'on ajoute « micro », j'ai tendance à ne voir que le paradoxe pour le balayer au nom du principe selon lequel les gens ne peuvent pas toujours dire des choses qui vous font plaisir, et le fait d'apprendre à les supporter, cela s'appelle grandir, ou tout simplement vivre.

La définition donnée par Derald Wing Sue, professeur de psychologie à l'université Columbia, concerne principalement ces petits affronts, insultes, réprimandes ou dénigrements subis par des individus en raison de leur race, de leur genre, de leur orientation sexuelle, de leur religion, de leur handicap. Comme souvent depuis les années 1970 aux États-Unis, tous les individus ne sont pas éligibles au statut de micro-agressé, il faut appartenir à un groupe « marginalisé ».

Bref, autant d'éléments qui m'ont poussée à ranger ce terme au rayon de la propension des Américains à exporter leur conception en matière de défense des minorités, d'organisation communautaire et surtout de lutte contre le racisme – tous les domaines ou presque dans lesquels je ne les trouve pas spécialement bien placés pour nous donner des leçons.

Pourtant, en lisant Raoul Peck qui explique dans *J'étouffe* sa fatigue « d'être pédagogue ; [de devoir] retenir [sa] réponse brutale, alors qu'une apostrophe censée être drôle vient d'être émise, énième micro-agression déguisée sous une bonne foi infantile », les raisons de son abattement m'ont paru familières. Sa colère et l'usure provoquée par ces micro-expériences m'ont semblé justifiées par leur nombre, leur répétition, leur côté systématique et par tout ce qu'elles soulèvent sans le dire vraiment.

Ces micro-agressions existent. Peu importe le statut qu'on leur donne. Certains, minoritaires dans leur milieu, y sont plus souvent confrontés que d'autres. On peut tout à fait être gay dans un milieu hétéro, noir dans un milieu blanc, handicapé dans un monde de valides et vivre très heureux, mais il sera difficile d'échapper aux micro-agressions. Et s'il existe effectivement une prédisposition à subir ce genre de réflexions chez les personnes appartenant à une minorité, il ne faut pas sous-estimer la capacité de nos « semblables » à faire de toute différence un sujet récurrent d'humiliation. Être un homme blanc et hétéro ne vous mettra pas à l'abri, puisqu'il suffira d'être roux ou enfant de divorcés pour mesurer cette usure.

On peut être contrebassiste dans le plus grand orchestre philharmonique du monde et continuer d'être considéré comme un « contrebassiste », ce qui, je vous assure, est très éloigné du traitement réservé au premier violon.

« Je me suis toujours demandé si... »

Il n'est pas rare que le locuteur, conscient du trouble susceptible d'être provoqué par la remarque ou la question qu'il s'apprête à proférer, fasse précéder celle-ci de précautions oratoires du type : « C'est un peu gênant, mais… » ou autres périphrases destinées à prévenir une réaction hostile. J'ai tendance à me raidir lorsque j'entends ce genre de préambules : « Excuse-moi de te demander… », « Ça ne te gêne pas si je te dis… », « Ça paraît bizarre comme question, mais… », « Je me suis toujours demandé si… » Si c'est vrai ce qu'on dit sur la taille du sexe des Noirs ?

Le caractère supposément inoffensif, naïf et anodin d'une micro-agression est censé entraîner l'extinction immédiate de toute réaction hostile par un flot de « Te vexe pas ! », « Ne le prends pas comme ça » et autres « Je ne disais pas ça méchamment… », pour finir par l'inévitable : « Vous êtes quand même hyper susceptibles, vous les Noirs, les Arabes, les Juifs, les Asiatiques, les handicapés, les gays, les trans, les petits, les grands, les gros, les filles, les aveugles, les culs-de-jatte… »

« C'est vrai ce qu'on raconte sur les Juifs ? »

J'ai un ami juif – Nadine Morano a bien une amie noire – qui a vécu toute son enfance dans un quartier défavorisé. Combien de fois a-t-il dû répondre à la question : « T'habites ici, *toi*? » Derrière cette question, il y a bien sûr l'association mécanique opérée par ses interlocuteurs entre les Juifs et l'argent. Un « Juif pauvre » étant dans ces circonstances considéré comme un oxymore, un exotisme ou une déchéance. Qu'avait-il pu commettre comme faute pour être ainsi abandonné par une communauté perçue localement comme « puissante, riche et solidaire » ?

Les préjugés qui accompagnent cette interrogation sont les mêmes qui conduisent à l'agression d'Ilan Halimi ou de Mireille Knoll. Ce racisme ordinaire, lorsqu'il s'exprime par une simple question, ne constitue évidemment pas en soi une insulte raciste et encore moins une agression, mais il mobilise les mêmes poncifs, les mêmes caricatures, les mêmes raccourcis. On peut y répondre une fois ou deux, mais, à la longue, la vocation pédagogique cède la place à l'agacement. Avant de subir la violence des insultes ou des actes antisémites, mon ami a plus souvent dû répondre à des questions commençant inlassablement par « C'est vrai ce qu'on raconte sur les Juifs... ». C'est en échangeant au sujet de ce texte qu'il me confia qu'il ignorait si ces questions lui avaient donné plus envie d'arrêter d'être pauvre ou d'être juif. Ce qui m'invita à lui demander si c'était vrai ce que l'on disait au sujet de l'humour juif.

« T'as tes règles ou quoi ? »

Le sexisme est également une source inépuisable de micro-agressions. Peu importe que l'on soit considérée comme belle ou laide, grande ou petite, grosse ou maigre, éduquée ou non, toutes les filles accumulent à des volumes divers ces petites réflexions. Cela concerne les filles parce que ce sont des filles, mais aussi des filles qui justement « ne ressemblent pas à ce qu'il est communément attendu d'une fille ».

Les injonctions faites aux filles ne répondant pas au stéréotype de la féminité sont d'une violence et d'une fréquence tout à fait remarquables. D'autant que les femmes véhiculent avec la même ferveur replète que les hommes les plus insupportables poncifs sexistes du type : « Si tu mettais des jupes on ne te prendrait pas pour un garçon », « Comme ça, sans maquillage, on dirait un peu une lesbienne », « T'es un garçon ou une fille ? »

Moi, c'est en travaillant au rayon canapés chez Ikea que j'ai pu observer le sexisme à l'œuvre selon la position sociale. Parce que, si aucune femme n'y échappe, je vous assure que celles qui sont au bas de l'échelle sont particulièrement bien servies. Cela peut surprendre, mais vous n'imaginez pas le nombre d'hommes qui concluent l'achat d'un divan par cette blagounette : « Et si on l'essayait ensemble ? » Je ne sais pas si l'effet #MeToo a changé les choses au rayon canapés des Ikea de France et de Navarre, mais je vous assure qu'il ne s'est pas passé une semaine sans qu'un joyeux luron se laisse aller à l'inspiration du moment, se pensant l'auteur génial de ce désopilant rappel à ma condition de trou.

Je sais très bien qu'au rayon des idées reçues il existerait un lien entre cette exaspération et une éventuelle absence d'envie de baiser. En ce qui me concerne, je vous assure que, pour avoir échangé, entre deux meubles aux noms imprononçables, quelques regards complices avec un homme qui me plaisait, l'idée d'essayer ce canapé aurait été plus qu'envisageable. À condition qu'il évite de recourir paresseusement à ce poncif de la drague en kit pour emballer sa marchandise. Franchement, si la plupart des femmes déclinent ce genre d'invitation, c'est rarement parce qu'elles peinent à jouir et plus sûrement parce que, dans ces conditions, elles préfèrent attendre d'être rentrées seules chez elles pour entamer un dialogue plus constructif et respectueux avec leur main droite.

Quand j'étais enceinte, ma silhouette filiforme s'étant dotée d'un ballon tout rond, je ressemblais à un boa ayant gobé un œuf, ou plutôt une pastèque. Cela semblait encourager un tas de personnes inconnues à me demander, dans l'ascenseur ou une file d'attente, la permission de me toucher le ventre, voire de le faire sans préavis. C'est un peu surprenant au début, et carrément agaçant par la suite. À tel point que mon compagnon avait proposé à une dame m'ayant fait la demande de venir plutôt lui toucher les testicules : l'enfant venait de là, après tout…

Cependant, comment expliquer qu'un jour, dans l'ascenseur qui me conduisait chez le médecin, une vieille dame, ayant remarqué les mouvements du fœtus dans mon ventre, me demanda si elle pouvait y poser sa main. Ce qu'elle fit en fermant les yeux. Et qui m'émut profondément. Il n'y a parfois pas plus d'une feuille de papier entre l'instrumentalisation d'autrui et la rencontre sincère entre deux individus dans le cours de leur vie. Voilà, c'est un peu lyrique dit comme ça, mais c'est juste pour faire remarquer que ce n'est pas parce que je suis véhémente que je ne laisse pas sa chance à l'amour.

« Sois un homme ! »

Je parle des filles, mais les injonctions faites aux hommes sont loin d'être inexistantes. Citons la quantité de petits rappels adressés depuis l'enfance sur la nécessaire « solidité » du mâle, depuis l'interdiction de pleurer « comme une fille » jusqu'au devoir de se coller toutes les additions dès lors qu'il partagera un verre ou un dîner avec celle « qu'il doit séduire » avant de « lui faire l'amour ». Le regard déçu d'une courtisane devant les difficultés de son partenaire à bander alors qu'elle attend son obole comme une étoile de mer échouée sur la plage constitue-t-il une micro-agression ? Certainement, dans la mesure où il mobilise une somme d'idées préconçues et de clichés dans une relation qui aurait mérité de laisser les deux partenaires trouver le chemin d'une expérimentation commune et, surtout, nouvelle.

Attendre qu'un homme se « décide à faire le premier pas » ou lui enjoindre de prouver sa virilité, n'est-ce pas en soi une forme policée d'injonction systématique envers un individu en raison de son genre ? Je le pense sincèrement. Ce serait d'ailleurs assez juste de l'intégrer au combat que je continue de vouloir commun pour l'égalité entre les hommes et les femmes.

Sous les radars

Ces micro-agressions sont d'autant plus difficiles à saisir qu'elles n'obéissent à aucune qualification juridique comme le sont en France les déclarations racistes, homophobes, sexistes, antisémites et j'en passe. Elles n'existent finalement que dans le contexte d'une relation entre un individu mobilisant plus ou moins consciemment un volume de préjugés, de stigmates, de clichés envers un autre individu qui n'en est malheureusement pas à sa première confrontation sur le sujet. C'est la somme de ces expériences et la nature du préjugé mobilisé qui détermineront la violence de l'impact sur un individu. Ce qu'il y a de particulier dans l'ordinaire – qu'il s'agisse de racisme, de sexisme, d'homophobie, de grossophobie ordinaires –, c'est la fréquence.

Au risque d'énoncer le plus gros truisme de l'histoire, l'ordinaire est fréquent, terriblement répétitif, odieusement présent. C'est ce qui le rend ordinaire, me direz-vous, mais c'est aussi ce qui peut le rendre insupportable, même si l'ordinaire a également ceci de particulier de n'être pas grave.

« Ne le prends pas mal, mais... quand vous faites l'amour entre mecs, vous passez vraiment votre temps à vous sodomiser ? »

La formulation ne sera pas toujours aussi directe, mais il faut ne pas être homo pour ne pas mesurer ce que cette sexualité suscite comme questions auprès de certains hétéros, comme l'éternelle interrogation autour du manque présumé de pénis dans les relations entre lesbiennes. Alors que, franchement, il suffit d'un tout petit peu d'imagination pour comprendre que ce n'est pas l'élément le plus irremplaçable qui soit.

Pourquoi ces micro-remarques sont-elles aussi fréquentes ? J'imagine que, la nature ayant horreur du vide, ces préjugés viennent contrebalancer l'inconnu, l'ignorance ou la nouveauté d'une situation. Ce serait assez « naturel » ou « mécanique ». Ce qui explique également que nous soyons tous susceptibles de mobiliser des poncifs qui ne manqueront pas d'être vécus comme des stigmates. « C'est ta particule qui t'empêche de débarrasser ? » Combien de ces remarques accompagneront la présentation d'un patronyme aristocratique dans un milieu gauchiste pourtant prompt à pourchasser toute forme de discrimination ? Alors quoi, la discrimination ne s'appliquerait pas aux « riches » ou aux personnes « bien nées », que celles-ci aient perdu ou non leur patrimoine et leurs privilèges ?

Quelles que soient leurs formes, ces piqûres de rappel finissent toujours par mettre l'individu dans une position inconfortable, une position qui n'est pas la sienne.

« T'es née où ? »

En matière de religion, les micro-agressions sont très fréquentes. Elles font partie intégrante du discours identitaire, qu'il soit d'extrême droite ou communautaire.

Mon expérience sur ce terrain est celle d'une athée. Et cet athéisme contredit à la fois ceux qui aimeraient me rappeler mes devoirs de bonne musulmane envers « sa communauté » et ceux qui aimeraient m'assimiler à ce qu'ils croient connaître de l'islam.

Souvent le sujet démarre par une interrogation simple et pour le coup vraiment anodine : « T'es née où ? »

Je ne sais pas si cette question est posée à tout le monde, indépendamment de sa couleur de peau, toujours est-il qu'on me le demande souvent et que cela ne me dérange pas. Ce qui est certain, c'est que dans mon cas la discussion s'arrête rarement une fois que j'ai décliné mon état civil. On enchaîne sur l'origine de mes parents, puisque visiblement ils ne sont pas nés à Ris-Orangis, pour arriver enfin à la question que visiblement tout le monde attend : « Et tes parents sont… musulmans ? »

Vous noterez que le terme « musulman » est souvent mis en sourdine ou carrément inaudible. Comme un étouffement destiné à masquer un sujet gênant. Oui, un peu comme au sujet des règles lorsque l'on a treize ans dans la cour du collège.

« T'as tes… ?

– Ouais, j'ai mes… »

La question de la foi est certes une question intime et délicate, mais je vous assure qu'il faut mesurer la tension qui s'ajoute lorsqu'il s'agit d'islam, un terrain devenu largement plus glissant que celui des menstruations depuis le conflit identitaire que se livrent l'extrême droite en France et le communautarisme musulman, l'islam politique ou islamisme qui ne se limite pas à l'Hexagone.

Au bout du compte, l'air rassuré de certains à l'idée que je sois athée ne me convient pas plus que le regard suspicieux d'autres à l'idée que j'aie pu quitter mon cheptel. Dans tous les cas, cette assignation passe par d'infimes remarques, de subtils soulagements, des interrogations déplacées ou de légères suspicions.

On me soupçonne de masquer ma foi pour plaire à ce que certains désignent comme les Blancs ou, pire, comme les « colons ». Ce rappel identitaire peut être fait par des musulmans mais également par de jeunes bourgeois blancs prompts à dénoncer un traître à sa communauté, vendu à la domination des Blancs et surtout incapable de participer au nécessaire combat des luttes de décolonisation.

Il m'arrive aujourd'hui encore de douter de la réalité de ce qui se passe sur ce terrain, mais il faut s'y résoudre : nous vivons actuellement dans une caricature.

L'assignation à résidence identitaire par les « membres de la communauté » à laquelle je suis censée appartenir m'est souvent plus pénible que les insultes et les menaces franchement racistes qui me sont adressées depuis que j'exerce une profession publique. Parce que si, de part et d'autre, il y a essentialisation, le rappel à la « communauté » s'abrite derrière la fierté d'appartenance et la solidarité, transformant toute forme d'indépendance et de singularité en trahison.

Cette assignation prend parfois la forme d'un petit sourire entendu lorsqu'on me demande de préciser si mon compagnon est musulman ou maghrébin et que je réponds qu'il s'appelle Benoît.

Ce subtil rappel à l'ordre est à l'œuvre au sein des « minorités », et s'exerce particulièrement à l'égard des femmes. D'abord parce que tout ce qui a tendance à être merdique s'exerce toujours plus facilement sur les femmes, mais aussi parce que les communautaristes considèrent les femmes comme la propriété de la communauté. Un terrain de jeux à ne pas céder à l'ennemi. Une chasse gardée qu'il convient de protéger en tançant vertement ou subtilement tout individu susceptible de faire sécession, ne serait-ce que pour faire passer l'envie aux autres de quitter le troupeau. À l'inverse, le mariage d'un musulman avec une non-musulmane sera considéré comme une « prise de guerre ».

Ces dernières années, ces questions sont devenues beaucoup plus fréquentes, ce qui m'a amenée à préciser mon rapport à la foi. Ainsi, j'ai pris l'habitude de décliner mon identité en indiquant que je suis de « culture musulmane » ou, pire, d'« origine musulmane ». Ce qui ne veut rien dire en général, et particulièrement pour moi, tant j'ai le sentiment d'être à l'islam ce que Ferrero Rocher est à la diplomatie. Le fait est : mes origines musulmanes se sont retrouvées sans que j'y prenne garde au milieu des éléments déclinables de mon identité.

Je ne pense pas avoir choisi cela. C'est une réponse à tous les questionnements, toutes les remarques, tous les haussements de sourcils face à l'évocation de ma distance avec l'islam. Une distance rassurante pour les uns, coupable pour les autres. En revanche, le fait d'avoir cessé de croire, à peu près au même âge, au père Noël et en Dieu n'est un sujet ni pour les uns ni pour les autres.

Je vous passe les questions inquiètes de mes camarades athées lorsque je leur parle de la foi de mon père, tant ils s'attendent à ce que je leur décrive des scènes de mariage forcé, d'excision ou d'injonction à me voiler. Comment leur dire que sa foi est celle d'un homme qui s'est reconstruit dans la religion, une croyance ouverte et sincère ? Loin de tout prosélytisme et à mille lieues de s'offusquer devant des caricatures du prophète. Des questions presque aussi fatigantes que celles assimilant mon athéisme au faux nez d'une « collabeurette de service » devenue malgré elle l'idiote utile du racisme anti-musulmans.

« Et sinon, c'est plus facile de trouver du boulot quand on est "athée" ? »

De plus en plus présentes, ces questions dépassent maintenant la sphère communautaire et religieuse. J'avoue continuer d'éclater de rire lorsqu'elles sont posées par de jeunes universitaires blancs, fraîchement convertis à cette forme d'inquisition. Cela me rappelle ces conversations à la cafèt' des Langues O', lorsque de jeunes barbus venaient m'expliquer, la gueule enfarinée, que la solidarité à l'égard des miens passerait à un moment ou à un autre par le fait que j'épouse un musulman.

Alors que faire de tout cela ?

En premier lieu, gardons à l'esprit que tout le monde subit plus ou moins fréquemment ces pichenettes de l'âme, et que chacun a été un jour le « micro-agresseur » d'un autre – ce qui nous invite implicitement à faire preuve de plus de tact. Nous devons promouvoir une forme d'élégance dans les rapports humains, et préférer découvrir notre prochain plutôt que lui vomir nos préjugés dans la tronche et lui assigner toutes les idées préconçues qui soient au sujet de ses « particularismes ».

Du côté des « victimes », je ne suis certainement pas la mieux placée pour donner des leçons, vu le nombre de fois où j'ai préféré m'écraser puis ruminer mon absence de réaction. J'ai aussi répondu souvent de manière disproportionnée, absurde, contre-productive à des remarques que mes interlocuteurs qualifieraient au mieux de « simple curiosité », voire de « marque d'attention ».

Est-il plus malin d'éviter le regard du troisième mec qui vous demande votre numéro de téléphone ou de lui répondre : « Dégage, connard » ? Il n'existe pas de bonne réponse a priori. Lui expliquer gentiment qu'il est le troisième ce matin à poser la question ou s'habiller comme un sac informe, les écouteurs éteints vissés dans les oreilles et le regard lointain, voilà qui ne constitue pas non plus des réponses absolues, bien que cette dernière option soit de loin la plus en cours chez toutes celles qui en ont simplement marre.

Cas pratique : ma belle-mère

Même si l'époque est à la glorification de tout ceux qui peuvent se prévaloir, à tort ou à raison, du statut de « victimes », j'aurais tendance à en prendre le contrepied en refusant de m'enfermer dans ce rôle précontraint.

J'aimerais partager ici l'expérience de ma relation avec ma « belle-mère ». La mère de mon compagnon était une femme très surprenante. Je dis « était » non pas parce qu'elle serait devenue banale, mais tout simplement parce qu'elle est décédée.

Sa vie ne ressemblait pas beaucoup à celles d'aujourd'hui. Un père absent, une mère disparue quand elle avait quatorze ans, la guerre, l'expatriation au Cameroun et au Maroc, sept enfants, douze grossesses, un enfant mort-né, une foi mystique délirante, une absence totale de surmoi et une voix définitivement trop perchée – comme tout le reste, d'ailleurs. Bref, un cauchemar pour belle-fille en général, auquel s'ajoutait dans mon cas précis sa perception totalement raciste du monde et de ceux qu'elle considérait être « les miens ». C'est-à-dire tout ce qui se tient debout au sud de la Méditerranée et tous les descendants de ceux qui sont venus immigrer au nord de la Méditerranée, peu importe le nombre de générations qui les séparent de cette « arrivée ».

Attention, son racisme n'a pas grand-chose à voir avec celui de l'extrême droite fondé sur l'idée que tous les maux de notre société seraient dus à la présence d'immigrés sur le sol français. Non, son racisme était culturel et bon teint, fondé sur ses expériences de ce que j'appelais le « colon » et qu'elle renommait systématiquement l'« expat' ».

Comme quoi, je n'étais pas toujours la seule à être pointilleuse.

Bref, tout au long de ma vie j'ai accumulé ces petites remarques sur « l'incapacité des Arabes et des Noirs à se projeter dans l'avenir », sur « la crasse insoutenable de ces cases » et sur l'hypothèse selon laquelle l'islam ne serait qu'« un schisme satanique du christianisme ». Jusque dans les derniers mois de sa vie, elle était capable de me tenir affectueusement la main et de me dire : « Tu sais qu'on m'a collé une petite infirmière encore plus arabe que toi ? Bien pire. »

Je ne sais pas pourquoi j'ai choisi très tôt dans notre relation de répondre systématiquement à toutes ces remarques que je jugeais déplacées. Que ce soit sous forme de dérision, d'humour, de question, de long développement, j'ai toujours répondu.

Je ne sais pas non plus pourquoi elle a toujours accueilli mes réactions, même les plus acerbes, avec beaucoup de bienveillance. Il lui arrivait d'ailleurs assez fréquemment d'adopter mon point de vue, ce qui était toujours une surprise pour moi – au moins aussi grande que celle que je ressentais deux heures plus tard quand elle revenait à son opinion de départ.

Il était clair que je ne la changerais pas et que je ne renoncerais pas non plus à lui voler dans les plumes. Cela ne nous a pas empêchées d'avoir de l'amour l'une pour l'autre ; sa mort m'a plongée dans une profonde tristesse et je garde en tête tout ce qu'elle était pour moi.

Ses remarques étaient pénibles, ses préjugés aussi. Nous en avions fait un terrain d'échange dans lequel je ne laissais pas passer grand-chose. Mais finalement je n'ai jamais développé le sentiment d'être personnellement attaquée ou remise en cause. Il y avait là beaucoup de préjugés, un peu de bêtise et pas mal de survivances d'une époque quasiment disparue.

Je n'étais pas responsable de ses micro-agressions et je n'en étais pas non plus personnellement la cible. Elle ne faisait que s'empêtrer dans ses préjugés ; je ne vois pas très bien ce que le fait de me plaindre m'aurait apporté. Assurément rien.

En revanche, je sais ce qu'elle m'a apporté, elle. Refuser le statut de victime. Et ça valait pour moi aussi bien que pour elle, face à la violence de ce que je lui renvoyais joyeusement.

De cette relation je garde l'idée qu'il y a suffisamment d'agressions contre lesquelles il faut se défendre pour se réparer, se reconstruire et obtenir justice pour qu'on évite de sauter à pieds joints sur le statut de « micro-victime » d'une micro-agression. Et sincèrement, plutôt que de s'abaisser à clamer sur tous les toits que l'on est micro-choqué ou micro-meurtri, je pense que l'on a plus vite fait de démonter son micro-agresseur à armes égales sans revendiquer un quelconque statut de victime.

« Pourquoi tu me dis ça ? »

Reste à savoir comment répondre aux micro-agressions. Et tout d'abord : faut-il répondre ou non ? Cela ne va pas toujours de soi. Difficile de combattre tous les sexismes ordinaires, tous les racismes ordinaires, toutes les homophobies ordinaires sans s'user. C'est d'ailleurs ce qui différencie la micro-agression de l'agression. Autant il n'est pas envisageable de laisser un individu insulter un autre en le traitant de sale nègre, bougnoule, gouine ou youpin, autant il n'est pas toujours possible de réagir face à ce vieil oncle qui qualifie de «pédé» toute personnalité ne trouvant pas grâce à ses yeux.

Son petit neveu doit-il lui expliquer systématiquement qu'il trouve cela blessant? Une micro-agression a généralement lieu dans le cadre d'interactions quotidiennes avec des individus qui ignorent, dans la plupart des cas, qu'ils commettent une quelconque forme d'agression. Dès lors, comment faire prendre conscience de l'existence du problème, expliquer la réalité du dommage et partager la nécessité d'y mettre un terme? La plupart de ces agressions reposent sur des préjugés tellement ancrés qu'y répondre nécessite beaucoup de temps et de pédagogie.

Je n'invite personne à me suivre, mais voici ma manière à moi de répondre aux micro-agressions.

Tout d'abord, je ne suis pas responsable de l'éducation des cons et je ne me sens pas investie d'un quelconque devoir de les changer. C'est-à-dire que si je réponds, c'est pour moi et personne d'autre. Si ça peut leur être utile, tant mieux ; si ce n'est pas le cas, je m'en contrecogne. Ce qui me permet également de répondre à toutes les bonnes consciences qui m'expliquent que « ce n'est pas en disant cela ou en t'énervant que tu le ou la changeras ». Bah oui, et je m'en contrecogne.

Ensuite, je préfère nettement pousser mon interlocuteur à expliquer son point de vue, quitte à le voir se noyer dans son propre jus, plutôt que de devoir justifier l'existence d'une agression, fût-elle minime. Ce qui, dans la pratique, se traduit par une technique très simple que tous les vendeurs de bagnoles connaissent bien : traiter l'objection par une question.

« Pourquoi penses-tu que je m'appelle Safia ?

– Parce qu'en arabe c'est Safia.

– Tu parles arabe ?

– Non, mais je le sais.

– Et du coup tu penses que tu connais mieux

mon prénom que moi ?
– Non, je pensais juste…
– Que quoi ?
– Que tu l'avais "européanisé".
– Et pourquoi j'aurais fait ça ?
– Je sais pas, pour t'intégrer…
– Tu imagines que je devrais modifier le prénom que mes parents m'ont donné pour m'"intégrer" ?
– Non, pas du tout, je sais pas, peut-être pour que ce soit plus simple pour les Français ?
– Tu penses que j'imagine les Français trop cons pour dire Safia ?
– Non, bien sûr, j'en sais rien, j'ai dit ça comme ça…
– Juste pour me renvoyer à ma condition d'étrangère qui est censée avoir honte ? En fait, t'as fait ça juste pour m'humilier en passant ? »

On ne mesure pas assez la puissance d'un « pourquoi ». « Pourquoi tu me dis ça ? » Je vous assure que la situation dans laquelle vous placez votre interlocuteur est d'une violence tout à fait proportionnelle à la dégueulasserie du préjugé qu'il défendait implicitement ou non. J'ai toujours préféré l'attaque à la défense. L'avantage du questionnement est qu'il permet d'éviter une sortie grandiloquente, de dissiper le malentendu s'il y en a un, et de confronter son interlocuteur à ses propres contradictions et préjugés.

Enfin, il n'est pas toujours nécessaire d'expliquer, de dialoguer et d'être sympa. Après tout, il y a bien entre 20 et 30 % d'électeurs qui pensent que le projet de Marine Le Pen est viable, je veux dire en dehors de détourner des fonds européens, et il n'est pas toujours nécessaire d'être charitable avec eux ni même d'espérer les faire changer.

D'autant plus que combattre les préjugés que l'on trimballe et qui vont, au hasard de nos rencontres, blesser, heurter, peiner nos interlocuteurs représente une grosse somme de travail. Un puits sans fond.

J'ai recueilli ici, comme dans un herbier, une sélection non exhaustive de micro-agressions démontrant l'incroyable créativité de ces questions anodines glanées ici et là, au détour de mes lectures ou de témoignages amicaux. Nul doute que vous saurez compléter cette liste.

On ne viendra certainement pas à bout des préjugés, des idées reçues et du mépris que sous-tendent ces petites questions qui pèsent une tonne. Parce qu'elles ne sont que la partie ordinaire du racisme, du sexisme, de l'homophobie, du mépris envers les gros, les grands, les petits, les maigres ou les vieux. Parce qu'on ne pourfend pas les symptômes à coups de bons sentiments. Parce qu'on ne fait qu'en prendre acte. On les regarde. On apprend à y être attentif. L'idée n'étant pas d'organiser le plus grand procès d'intention de l'histoire mais peut-être de continuer de militer pour la tolérance, le tact, l'attention aux autres et à ce qu'ils sont vraiment avant de les tartiner de préjugés et de sous-entendus grotesques. Et puisque ça ne suffira pas, que ces petites phrases nous fassent hurler, rire ou pleurer, finalement peu importe, l'idée serait simplement de ne pas s'y habituer.

La question
qui pue

« T'es juif ? On dirait pas. »

« Bon, je sais, y a Juifs et Juifs,
mais globalement, les Juifs, on
les reconnaît un peu.
Le prends pas mal, ils sont pas
forcément très grands. Y a des
exceptions, mais bon, globalement,
les Juifs ne sont pas grands.
Ils ont souvent des yeux assez…
Pas globuleux non, j'arrive pas
à définir.
Et puis y a surtout le truc qu'on
ne peut pas dire…
Toi, par exemple, ce qui trompe,
c'est que t'as un petit nez. »

« Ça existe, des Juifs pauvres ? »

« Vous êtes hyper solidaires, vous les Juifs. »

«**Y a quand même beaucoup de Juifs dans…**
[choisir :
les banques,
les commerces,
les dentistes,
les médias,
la politique,
les barbiers,
les synagogues…].»

La question **qu'on ne valide pas**

« Tu as développé quel sens pour compenser ta cécité ? »

Mon radar à cons fonctionne très bien.

«La façon dont tu gères ton handicap, c'est très inspirant.»

«J'aurais jamais le courage d'être tétraplégique.»

« TU M'ENTENDS AVEC TES APPAREILS ? »

« Tu es handicapé *et* homosexuel ? »

Oui, mais ça aurait pu être pire,
j'aurais pu manquer de tact comme toi.

**« Tu es si jolie
et intelligente,
je n'aurais jamais
imaginé que
tu étais sourde. »**

« Attends, c'est contagieux ton Asperger ? »

« T'as l'air normal, pour une handicapée. »

« Je sais pas comment vous faites pour élever un enfant autiste… »

Tu sais, dans ce domaine, c'est un peu l'expérience qui fait la compétence, et puis c'était ça ou le suicide collectif, du coup, on a préféré l'élever.

« Et tu vis dans un centre pour handicapés ? »

Non, une réserve.

« Le fauteuil, c'est par ici... »

Alors, mon fauteuil est plus mobile que moi, mais c'est quand même à moi qu'il faut s'adresser.

«ET TU ES AVEUGLE DEPUIS QUEL ÂGE ?»

Je suis né comme ça, mais je suis aveugle, pas sourd, t'es pas obligé de hurler.

**«Mais avec son handicap,
il a quelle espérance
de vie, ton fils ?»**

La question **sévèrement genrée**

**« Mademoiselle,
vous pouvez
me passer
le responsable
informatique ? »**

« Tu es trop jolie pour avoir un diplôme. »

Étant entendu que…
les filles jolies n'ont pas besoin de diplômes puisqu'elles sont jolies.
Contrairement aux laides, qui auront du mal à monnayer leur beauté auprès des hommes.
Étant entendu que…
toutes les jeunes filles aspirent à être entretenues.

Les filles jolies n'ont pas de diplômes parce que souvent les filles jolies sont un peu connes. Elles n'y peuvent pas grand-chose.
La nature est comme ça envers les femmes, elle distribue soit la beauté, soit l'intelligence, jamais les deux.

« Te moque pas de ton mec en public, c'est castrateur. »

« Pardon, mais t'as plus l'air d'une maman poule que d'un leader d'opinion. »

« Franchement, quand je te regarde, je ne vois pas le futur Che Guevara ou la nouvelle de Gaulle. Je vois une crémière.
C'est pas que tu ne peux pas le devenir, non, regarde Angela Merkel, elle a bien fini par s'imposer. Mais avec son look de charcutière au chômage, c'était pas gagné.
Pour qu'on t'identifie clairement, il faudrait que tu portes des tailleurs plus stricts, plus cintrés. Faut pas garder ce côté maman gâteau dont personne ne veut, sauf si tu décides de te lancer dans la production de confitures. »

« T’as besoin d’une femme, toi. »

« Tu devrais t’épiler, sinon on va croire que t’es lesbienne. »

« Les dames d'abord ! »

« T'as tes règles ou quoi ? »

La colère d'une femme ne peut être interprétée comme une réaction à une situation, à des propos ou à des actes qu'elle jugerait insupportables.
Parce que l'humeur d'une femme n'est que le produit de ses hormones. Si elle est joyeuse, c'est parce que son corps lui dit de l'être. Si elle est énervée, irascible ou en colère, il ne faut pas lui en vouloir non plus : elle a certainement ses règles.

« Deux bières et un sourire ! »

« Si tu évitais de l'énerver, l'exciter, le tenter, l'aguicher. »

« Tu sais très bien que les hommes ont des besoins. Ils sont comme ça. Tu peux le regretter ou pas, par contre tu ne peux pas faire semblant de l'ignorer. Cesse de jouer les bombasses ou ne viens pas te plaindre s'il t'arrive des bricoles. »

« Tu veux être ma geisha ? »

« Tu devrais te percer les oreilles, comme ça on verrait que t'es une fille. »

« Quand on a un physique comme le tien, c'est-à-dire pas très bien défini, il est judicieux de donner quelques indices. C'est un peu comme pour toutes les marchandises : il faut être clair sur l'étiquette.
Déjà, cela éviterait que l'on te prenne pour un garçon. Imagine qu'une fille éprouve des sentiments pour toi et finisse par s'apercevoir, horreur, que tu es une fille ?!!!
Ensuite, parce que cela permettrait aux garçons de s'intéresser à toi. Je ne dis pas que ce sera facile, vu ton physique justement, mais si tu ne les aides pas un peu, tu n'as aucune chance. »

« Pour moi, un garçon, c'est protecteur. »

Et t'as pensé à te payer
un garde du corps ?

« Bonjour,
mademoiselle,
je peux voir
le directeur ? »

« C'est terrible
ce qui lui
est arrivé,
d'autant qu'elle
s'habille pas
du tout
de façon
aguicheuse. »

« J'aime les gros seins. »

OK, dis-moi, je te mets un morceau de fesse avec, ou les seins ça te suffit ?

« T'es jalouse ? »

Une femme ne peut pas avoir
un point de vue objectif
sur une autre femme.
Pourquoi ? Parce que,
fondamentalement matérialiste,
une femme ne pense qu'au travers du prisme de ce qu'elle possède : beauté, argent ou mec.
Par conséquent, quel que soit le cache-sexe de ses inimitiés envers une autre femme (ses opinions, ses positions, ses actes), une femme qui émet un avis négatif envers une autre femme ne le fait que par jalousie.

« Peut-on vraiment être drôle et jolie ? »

Bah oui, c'est vrai que ça fait double emploi. À quoi ça servirait qu'une fille jolie soit drôle ? Elle n'a vraiment pas besoin d'être marrante pour susciter de l'intérêt. Alors qu'une fille laide qui ne ferait même pas l'effort d'être drôle, pour le coup, on ne verrait pas très bien ce qu'on pourrait faire avec !!! Et puis, c'est plus facile de rigoler avec un laideron. Une moche qui fait de l'autodérision, c'est très rigolo, parce que, au fond, c'est toujours plus facile de rire d'une fille que de rire avec une fille.

« Le problème avec les féministes, c'est qu'elles n'ont aucun second degré. »

La question **grassement grossophobe**

« Franchement, elle est pas mal pour une grosse. »

De manière générale, quand dans une phrase on ajoute un « pour un-e » après « Il/elle est pas mal », on est à peu près sûr de dire une connerie.

**« C'est comme ça,
y a des gens,
tout leur profite. »**

« On voit tout de suite que tu es faite pour être maman. »

« Tu es sûre que tu as encore faim ? ».

« On voit que t'es un bon vivant. »

« L'important, c'est que tu te sentes bien dans ton corps. »

Sous-entendu : « Foutu pour foutu… »
Et dans le cas contraire, est-ce que
je peux choisir le corps de quelqu'un d'autre ?

« Tu veux pas faire un régime ? Ça te remonterait le moral. »

La question
qui vole pas haut

« T'es hyper bien proportionné, donc ça va. »

« La difficulté c'est de trouver un mari à sa taille. »

« Tu fais du basket ? »

« Faut bien que ça serve
à quelque chose d'être grand. »

« Les hommes sont toujours intimidés par les grandes. »

La question
banalement raciste

« Tu parles hyper bien français. »

Oui, peut-être parce
que je suis née
à Ris-Orangis.

**« C'est comme
le Maroc,
mais avec
l'eau potable. »**

**« Les Asiatiques
à gros seins,
ça le fait grave. »**

« T'es super belle, pour une Noire. »

« Ne le prends pas mal, mais d'habitude les Noires ont les traits assez forts, assez marqués. Parfois un peu épais.
Les lèvres ourlées, les narines larges, bref, tu vois. C'est pas une critique, c'est un fait.
Par contre, toi, tu es vraiment jolie parce que tu as les traits très fins.
S'il n'y avait pas la couleur, on pourrait croire que t'es blanche.
Je veux dire au niveau des traits, parce que là, tout le monde voit que t'es noire. Mais simplement, jolie.
Bah oui, c'est un compliment. »

« Je suis peut-être raciste, mais un Noir déguisé en père Noël, y a un truc qui va pas. »

« Je ne sais pas, mais Santa Claus, il est blanc. Je ne sais plus s'il est suédois ou autre ; ce qui est sûr, c'est qu'il n'est pas africain.
– Je vais peut-être te choquer, mais le père Noël n'existe pas. Et, plus fort encore, Marie et Jésus étaient palestiniens. D'après ce qui semble établi sur la vie de Jésus, l'hypothèse qu'il ressemble à un "Arabe" n'est pas mince. »

On ne peut reprocher à personne d'être surpris à la vue d'un père Noël noir, on peut quand même être excédé par le fait que cela paraisse bizarre, choquant ou déplacé.

« Parfois, j'oublie complètement que t'es noir. »

« Tu parles comme une Blanche ! »

« Au départ, quand je t'ai vue
débarquer, très typée, tout ça,
je m'attendais pas du tout
à ce que tu parles comme
une Blanche.
D'habitude les filles comme toi
parlent avec un accent,
un vocabulaire ou un style des cités.
Mais alors toi, pas du tout.
Franchement, bravo.
Ça a dû te demander pas mal
d'efforts, non ? Parce que là, on
n'entend rien. On t'aurait au
téléphone, on se dirait :
mais cette fille est blanche ! »

«Tu te sens plus française ou malienne ?»

«Ton prénom, ça veut dire quoi dans ta langue ?»

« On pourrait pas tourner la page de l'esclavage une bonne fois pour toutes ? »

« C'est vrai ça, pourquoi ressasser ? C'est pas en remuant le passé qu'on va sortir quelque chose de bon. Il faut regarder devant, maintenant. C'est comme la Shoah, ça va, quoi... »

« Comment ça, vous fêtez pas Noël ?! »

« Tu viens d'où ? »

« Non mais je veux dire, d'accord, t'es née à Ris-Orangis, mais sinon, tu viens d'où ? Tes origines, c'est quoi ? On voit clairement que t'es pas bretonne, faut pas te formaliser. »

« Je peux toucher tes cheveux ? »

« Il est sexy, pour un Chinois. »

« T'es arabe et t'aimes pas le couscous ? »

« Franchement, t'es la première à me dire ça.
Parce que d'habitude, les Arabes et le couscous, c'est une affaire qui marche. Comme les Allemands et la bière, les Français et le pain, les Chinois et le riz, enfin tu vois. »

« Tu as les traits fins, pour une Noire. »

« Je viens de lire sur Wikipédia que les Esquimaux ne vivent pas dans des igloos. Sérieusement ? »

« C'est marrant, j'étais pas sûre que t'étais asiatique, parce que t'es très grand, quand même. »

« T'es presque blanche, en fait. »

« Comment tu peux être musulmane et féministe en même temps ? »

« Te formalise pas, mais l'islam et les femmes, c'est compliqué, non ?
– C'est un peu le cas dans toutes les religions, tu ne crois pas ?
– Alors là tu vois, pas du tout, parce que nous les chrétiens, on a fait un travail sur nous, on a réformé nos croyances et nos pratiques, ce qui n'est pas votre cas. Tu vois, par exemple, la lapidation est toujours en vigueur.
– Y a aussi des chrétiens qui pensent que Dieu a créé la Terre il y a six mille ans et que les dinosaures ont cohabité avec les hommes. Ça t'empêche pas d'être chrétienne et d'être moins conne que ça. Eh bah, tu vois, moi, c'est pareil. »

« Ça t'ennuie si je t'appelle Momo ? »

« Tu préfères qu'on dise Noir ou Black ? »

« En général, les Blacks, ou les Noirs – si tu m'autorises, parce que je ne sais plus trop ce qu'il est possible de dire –, préfèrent Black, non ?
D'accord, Noir ça va. Parce que pendant des années fallait surtout pas dire Noir, eh ben maintenant on peut. Vous n'êtes pas faciles faciles à suivre… »

« J'ai beaucoup de mal à différencier les Asiatiques. »

«C’est tes cheveux
ou des rajouts ?»

«Vous fêtez
les anniversaires
dans ton pays ?»

« J'arrive jamais à prononcer ton nom. »

« Bienvenue en France ! »

J'y suis né.

**« Vous
les Chinois,
vous êtes
bons
en maths,
non ? »**

« C'est super beau, les petits métis. »

**« La famille,
c'est hyper
important
pour vous,
hein ? »**

**« J'imaginais
que tu savais
danser... »**

« Attends, parce qu'on est blancs on peut plus imiter les accents, maintenant ? »

Mais bien sûr que tu peux, c'est tout à fait autorisé. On est dans un pays libre. On a le droit. On a aussi celui de reprocher à Michel Leeb d'inférioriser, de rabaisser, d'humilier et de moquer ce qu'il désigne comme l'archétype de l'Africain ou du Chinois, et surtout de propager des stéréotypes racistes.
Lorsque Popeck prend l'accent yiddish, ce qui l'autorise n'est pas le fait d'être juif mais le fait que, au-delà de l'autodérision, ses personnages existent dans leur tendresse, leur complexité et parfois leur mauvaise foi. Ce qui est finalement très loin et très différent du stéréotype des Juifs cupides ou manipulateurs, des Noirs à grandes narines ou des Asiatiques ricanant.

« T'es gentil, pour un musulman. »

« On dirait une lionne. »

« T'as pas peur que ça fasse un peu dealer sur toi ? »

« C'est super dur à coiffer, les cheveux crépus, non ? »

« C'est dingue, t'as aucun accent. »

« **Vous êtes hyper susceptibles, vous les…** [choisir : homosexuels, Juifs, gros, petits, Blancs, Noirs, Jaunes, Hongrois, jardiniers…]. »

« C'est un enfant d'immigrés de la troisième génération. »

Deuxième, troisième, quatrième génération…
Un jour on finira par arriver.

« T'as peu de hanches, pour une Arabe. »

« Quand t'as goûté à la b… d'un Noir, c'est difficile de revenir en arrière. »

« Vous avez le sang hyper chaud, non ? »

« Et tes frères, ils sont genre… cool ? »

« On voit pas tout de suite que t'es arabe. »

« J'adore ton accent du Sud, ça me fait penser aux vacances ! »

«**J'ai jamais été attiré par une...** [choisir : Blanche, Noire, Asiatique, Arabe...].»

La question
gaiement homophobe

«Alors comme ça il y a des joueuses de rugby hétéro ?»

«Excuse-moi de te demander ça, mais de tes deux mamans, y en a une qui fait plutôt le papa ou c'est vraiment deux mamans ?»

« Ça vous manque pas, un pénis, pour faire l'amour ? »

Cette question en dit tellement long sur la platitude de la vie sexuelle de la personne qui la pose et sur l'ampleur de ce qui lui reste à découvrir…

« Tu es trop mignonne pour être lesbienne. »

« Ce que j'aime chez vous, les gays, c'est que sexuellement vous êtes libres. »

« Lequel fait l'homme ? »

« **Tu es très différent des...** [choisir : homosexuels, Juifs, gros, petits, Blancs, Noirs, Jaunes, Hongrois, jardiniers...] **que je connais.** »

Ça fait deux informations. La première, c'est que tous les [choisir : homosexuels, Juifs, gros, petits, Blancs, Noirs, Jaunes, Hongrois, jardiniers...] sont similaires à tes yeux. La seconde, c'est que tu considères ma singularité comme une différence suffisamment exceptionnelle pour qu'elle soit notée. Eh bien, je te remercie de me sortir de ta propre généralisation.

«T'as pas l'air gay, pourtant.»

«Et vous lui direz comment il a été conçu ?»

« Ça lui manque pas, la présence d'une maman ? »

«J'ai invité Bernard et Nicolas, ils sont gays comme vous.»

« Tu as le droit d'être homo, ça ne me gêne pas du tout. »

Ouf, j'ai eu peur ! Si ça t'avait gêné, j'aurais viré de bord pour te faire plaisir.

« Je pense qu'il faut traiter ton homosexualité avant de traiter ta dépression. »

La question

« Kramer contre Kramer »

« C'est quand même souvent les enfants qui trinquent. »

« C'est pas trop dur, la garde alternée ? »

« Quand ils sont petits, les enfants ont davantage besoin de leur mère. »

**« Vous êtes sûrs
de votre décision ?
Vous avez pensé
aux enfants ? »**

La question

que tu n'aimeras pas qu'on te pose quand tu auras l'âge de la personne à qui tu t'adresses

« Vous connaissez Twitter ? »

Oui, d'ailleurs je viens de t'ajouter à ma liste « Jeunes cons ».

« On fait encore l'amour à votre âge ? »

« Tu as dû en briser, des cœurs, quand tu étais jeune ! »

La question
binaire

« Tu sais pourquoi tu n'as pas d'amis ? Parce que tu es intelligente *et* trans. C'est hyper intimidant. »

« Quoi qu'il arrive, tu resteras toujours mon *fils*. »

**«Oh, mon Dieu !
C'est un HOMME !»**

« Ton fils est vraiment devenu une fille ? T'es sûr que c'est pas juste une mode ? »

**« Si tu aimes
les garçons,
pourquoi tu veux
pas juste rester
une fille ?
Ce serait plus
simple, non ? »**

« Je suis désolé.e
de te compliquer la vie. »

« Non mais en fait, t'es un homme ou une femme ? »

Achevé d'imprimer par Grafica Veneta S.p.A.
à Trebaseleghe (Pd).
Dépôt légal : décembre 2020.

ISBN 978-2-207-16253-8 / Imprimé en Italie.

375018